日本一の「ふつうの家ごはん」

自由の森学園の学食レシピ

自由の森学園 食生活部

講談社

多くの生徒たちが押し寄せる、お昼のチャイム直後の学食。その瞬間まで準備を重ねるが、あっという間に売り切れるメニューもある。

豊かな自然の中で、700人以上の生徒が日々、生活をともにし、学びをつむいでいる。

はじめに

<u>日本でいちばん特別な学食</u>

　埼玉県飯能市、駅からバスに揺られながら、吸い込まれるように山の中へ——。そんな深い自然の中に、自由の森学園はあります。

　点数や偏差値をモノサシとせずに、生徒ひとりひとりの「個」を伸ばすことが、自由の森の教育方針。校則も制服もペーパーテストもなし。知識の詰め込みではなく、主体的に課題を発見し、自分の頭で考え、表現するための授業が行われています。

　昼休み、お腹を空かせた生徒たちがものすごい勢いで集まってくるのが、学食＝「食生活部」です。学生数は700人を超え、その全員ではないにせよ、ここで三食を食べる寮生も130人ほどいますから、圧巻です。

　さて、この食生活部。「奇跡の学食」「特別な学食」などと呼ばれています。ただメニューを見てみると、日替わり定食にカレーやうどんと、さほど変わったものはありません。

　ところが、厨房をのぞいてみるとここが「奇跡」と呼ばれる理由がわかってきます。昆布と削り節をふんだんに使ってだしをとるのは毎食のこと。白い制服姿のスタッフが、うどんをせっせと手打ちし、天然酵母で食パン・ロールパンを焼いています。カレーはスタッフがインドで学んできたレシピがベースで、ルウを使わず、スパイスを空煎りするところからはじめているのですから。

　そして、食材庫に行ってみると、そこはまさに「奇跡」の光景です。保管されている食材はすべて厳選されたもの。野菜や果物、米は有機栽培で、冷蔵庫に入っている肉、魚も抗生物質などを一切使わないものだけが揃っています。醤油や味噌、みりんといった調味料も、昔ながらの

全国各地の信頼できる生産者から仕入れている野菜や果物は、無農薬や減農薬で、化学肥料を使用しない有機栽培のもの。

製法で作られた化学調味料や保存料無添加のものです。

　なぜ、食生活部はこんなことができるのでしょう。普通の学校で提案したら「予算オーバー」「手間がかかりすぎる」と、またたく間に却下されるのは目に見えています。自由の森学園ができた1985年には、もっともっと壁は高かったはずです。

　それでも、この学食は創立当時から、今に至るまで、志を少しも揺るがすことなく、理想を掲げ、実践を積み重ねてきました。その理由は、ただただ、未来を生きる子どもたちの生命を育むためです。

　自分の子どもに食べてほしいものを、学食に来る子どもたちにも食べてもらいたい。その理想を叶え、必要な食材を仕入れるために、まだ

創立当時から食生活部を支える泥谷千代子さん（前列右から3人目）を中心に。食に関心の高いメンバーが揃っている。なかには、卒業生も。

　ネットワークがあまりなかった有機農家を訪れ、交渉し、35年間途切れることなく安心・安全な本物の食材を料理に使ってきました。寮で暮らす子どもたちに、おいしい焼きたてのパンを食べさせたいから、という理由で試行錯誤を重ね、パンを焼いてきました。

　さらには、肉が食べられない寮生にはベジタリアンメニューを用意し、アレルギーも、食事から少しずつ改善できるよう調整。風邪っぽい子には、シロップのお湯割りがスッと添えられます。

　そう、ここで奇跡を起こしているのは、母親や父親のように子どもたちを想う気持ち。「ふつうの家庭の愛情をもって作られるごはん」こそが、特別なのです。

INDEX

はじめに
日本でいちばん特別な学食・・ 2

Chapter 1　ようこそ！自由の森学園の学食へ

学食の一日・・・・・・・・・10
生徒＆卒業生の声
学食のどこが好き？・・・・・14

Chapter 2　みんな大好き！人気メニューレシピ

メインのおかず
ハンバーグ・・・・・・・・・18
鶏のから揚げ・・・・・・・・20
コロッケ・・・・・・・・・・22
とんかつ・・・・・・・・・・24
豆腐ステーキ
　　オニオンソース・・・・・26
春巻き・・・・・・・・・・・28
麻婆豆腐・・・・・・・・・・30

クリームシチュー・・・・・・32
肉じゃが・・・・・・・・・・34
さばの味噌煮・・・・・・・・36
たらの揚げ煮・・・・・・・・37

ご飯・麺
チキンカレー・・・・・・・・40
ドライカレー・・・・・・・・42
ハヤシライス・・・・・・・・44
オムライス・・・・・・・・・46
五目ご飯・・・・・・・・・・48
とろとろ丼・・・・・・・・・49
中華おこわ・・・・・・・・・50
ミートソーススパゲッティ・・54
マカロニグラタン・・・・・・56
力うどん／肉うどん・・・・・58
きつねそば・・・・・・・・・59

副菜
ポテトサラダ・・・・・・・・62
おからのサラダ・・・・・・・63
切り干し大根のサラダ・・・64
白あえ・・・・・・・・・・・65
かぼちゃの煮物・・・・・・・66
青菜と油揚げの煮びたし・・67

この本のきまり
・つけ合わせの作り方は含まれていません。
・小さじ1 = 5㎖、大さじ1 = 15㎖、カップ1 = 200㎖です。
・加熱時間は目安です。

保存食

ピクルス・・・・・・・・・68
紅玉りんごジャム・・・・・70
3種のシロップ・・・・・・72

おやつ

おからケーキ・・・・・・・76
スイートポテト・・・・・・78
コーヒーゼリー・・・・・・80

コラム

❶だしをとる・・・・・・・38
一番だしのとり方／二番だしのとり方／昆布の佃煮〈だしがらの昆布で〉

❷おいしいご飯を炊く・・・52
玄米ご飯／雑穀ご飯

❸素朴で贅沢なうどん・・・・60
うどんのかけ汁／そばのかけ汁

❹梅干しも自家製です・・・・74

❺パンも手作りです・・・・・82
食パン／ロールパン／ピザトースト／スプレッド3種

Chapter 3　学食の厨房から

「奇跡の食堂」の食材選び・・・88
油が大事！・・・・・・・・・90
「奇跡の食堂」ができるまで・・92
食材メーカーリスト・・・・・95

Chapter 1

ようこそ！自由の森学園の学食へ

寮で暮らす自由の森学園の生徒たちは、
毎日三食を学食で食べています。

伸び盛り、食べ盛りの彼らの胃袋を支える、
安全な食材と手間暇かけた家庭的な料理。
愛情たっぷりの食事をのぞかせて
もらいました。

焼き上がったスイートポテト。甘い物をもうちょっと食べたい生徒たちに大人気。デザートにも、テイクアウトのおやつにも。作り方は P.78

学食の一日

寮生はここで三食を食べます。安全な材料を吟味し、手間暇をかけて調理。風邪を引いてないか、いつもと違うところはないかと気にかけるスタッフは、本当の家族のようです。

朝・和食

この日のメニューはさわらの塩焼きが主役。納豆やきんぴらごぼう、あえものなどのおかずは好きなものをとってOK。梅干しや温泉卵も自家製で、元気の出る朝食だ。

アレルギーや食にこだわりのある生徒が食べたいものをちゃんと選べるよう、ランチの内容は毎日、こと細かにボードに書き出しておく。

朝・洋食

パンはロールとイギリスパンの2種類で季節のジャムなどのスプレッドが3〜4種類。ミルクティーもおいしいけれど、風邪気味の生徒にはすかさず「かりん湯」などが出される。

学食の入り口には売店もあり、中休みの時間から手作りのサンドイッチやピザトースト、おにぎりなどを購入できる。

昼・日替わり定食

人気メニューが日替わりで（写真は鶏のから揚げ）登場。メイン料理とたっぷりのつけ合わせ野菜、やはり野菜や海藻などが使われた小鉢料理、ごはんと味噌汁がセットになる。

食券を買ったら自分が食べる定食の場所に並ぶ。伝統食にはリピーターが多い。

昼・伝統食

魚や豆腐料理が主役となり、日本の伝統的な調理法や食の考え方を取り入れた「伝統食」。日本の食文化を知ってほしい、という気持ちも込められ、手間のかかる料理も多い。

生徒&卒業生の声
学食のどこが好き？

学食について在校生&卒業生にアンケート（回答100名）。
特に卒業生からは「あんな質の高い食事が学食でできていたなんて！」
という声が多く、手間や材料のよさは
大人になってから分かることも多いようです。

人気メニュー BEST10

1位　カレー（チキンカレー、ドライカレー）　P.40、P.42

2位　おからケーキ　P.76

3位　うどん（肉うどん、力うどん）　P.58

4位　パン（ロールパン、ピザトースト）　→ P.82

5位　ミートソーススパゲッティ　→ P.54

6位　鶏のから揚げ　→ P.20

7位　春巻き　→ P.28

8位　ハンバーグ　→ P.18

9位　中華おこわ　→ P.50

10位　麻婆豆腐　→ P.30

この食堂での食事を通して何か得たことはありますか？

" まっとうなごはんがよい一日を作り出し、未来を紡ぎ出す。そう思うようになったのも、卒業後、食を学び、料理を教える活動をしているのも、学食の影響です "
1994年度卒・女性

" 寮に入っていましたが、おいしい朝ごはん目当てに目覚めてしまって、自然に生活リズムが整いました "
2018年度卒・女性

" 当時は気づいていなかったけれど、素材のおいしさを知ってしまい、大人になってからジャンクフードとの味の違いに気づいた "
1994年度卒・女性

" 食材や作る過程、食べている空間。それらの食堂の在り方に、多感な時期の心と体を支えてもらっていました。この食堂の食事を通して得たものは、味覚です。一生の宝物です "
1992年度卒・女性

" 食材への敬意が生まれた "
2018年度卒・男性

" 食事によって体が作られていると、だしをとる鍋を見て感じました "
1993年度卒・女性

" あの食堂で食べることそのものが、じわじわと食育になっていたと思う。自分の子どもにも食べさせたいと思えるような場所で、私自身が食べていたのは、とても幸せなことだった "
1994年度卒・女性

Chapter2

みんな大好き！人気メニューレシピ

お昼休みになると
お腹を空かせた生徒たちがわれ先にと
学食に押しかけます。

「今日、麻婆豆腐だ！」

「から揚げまだある？」

と、食堂は大騒ぎ。
生徒たちの気持ちがぐっと盛り上がる、
お昼のメイン料理をご紹介します。

寮生は入り口にある自分の札をとって手渡しし、ちゃんと食べた証拠に。大量に用意した食事がみるみるうちになくなっていく。

メインのおかず

ハンバーグ

たねにもソースにもたまねぎを使って、自然な甘みのあるハンバーグ。やっぱりここでも生徒たちに人気のメニューです。ソースにはケチャップやだしを重ねて、奥深い味に。

材料（4食分）

●たね
- たまねぎ・・・・・大1個
- パン粉・・・・・・カップ 3/4
- 牛乳・・・・・・・大さじ 3

A
- 豚ひき肉・・・・・320g
- 牛ひき肉・・・・・160g
- 溶き卵・・・・・・1/2個分
- 塩・・・・・・・・小さじ 1 強
- こしょう・・・・・小さじ 1/4 〜 1/3
- ナツメグ（粉末）・・・少々

●ソース
- たまねぎ・・・・・1/4 個

B
- トマトケチャップ・・カップ 1/2 強
- ウスターソース・・・小さじ 2
- 濃厚ソース・・・・小さじ 2
- 洋だしのもと・・・・少々
- ローリエ・・・・・1 枚
- 砂糖・・・・・・・ひとつまみ
- 赤ワイン・・・・・小さじ 1
- 湯・・・・・・・・カップ 1/4

- 菜種油・・・・・・適量
- つけ合わせの野菜・・適量

作り方

❶ たまねぎは、たね用とソース用合わせてみじん切りにし、油をなじませたフライパンでしんなりするまで炒める。たね用とソース用に分けておく。

❷ たねを作る。ボウルにパン粉を入れ、牛乳を加えて湿らせる（しみ込ませすぎない）。

❸ ❶のたね用のたまねぎの粗熱がとれたら、A を合わせて練り混ぜる。4 等分し、手に油をなじませて小判形にまとめる。

❹ ソースを作る。❶のソース用たまねぎと B を合わせて小鍋に入れ、弱火で温める。

❺ フライパンに油を熱し、❸を入れて両面をそれぞれ 2 〜 3 分焼き、ふたをして弱火にし、さらに 7 〜 8 分焼く。竹串をさして透明な汁が出るようになれば焼き上がり。

❻ ひとつずつ❹のソースにくぐらせて皿に盛り、つけ合わせの野菜を添える。

食堂では大量のたねを作り、ひとつずつ成形。フライパンでは間に合わないのでオーブンで一気にふっくらと焼く。

鶏のから揚げ

岩手県の「菜彩鶏」を大ぶりに切って作るジューシーなから揚げ。しっかりと下味をつけるので、ご飯が進みます。片栗粉の衣と菜種油で、カラッとした揚げ上がりも魅力。

材料（4食分）

鶏もも肉・・・・・・・・大2枚

●下味
醤油・・・・・・・・・・大さじ1と1/2
酒・・・・・・・・・・・大さじ1と1/2
しょうが（粗く刻む）・・・・1/2片
にんにく（粗く刻む）・・・1/2片
オイスターソース・・・小さじ1
塩・・・・・・・・・・・小さじ1/2
こしょう・・・・・・・・少々
中華だし・・・・・・・・少々
ガーリックパウダー・・・少々
五香粉・・・・・・・・・少々

溶き卵・・・・・・・・・1/2個分
片栗粉・・・・・・・・・適量
揚げ油・・・・・・・・・適量
つけ合わせの野菜・・・・適量

作り方

❶鶏肉は1枚を6等分に切る。

❷下味の材料をすべてボウルに入れて混ぜ、❶を入れて絡ませる。溶き卵も加え軽くもみ、30分～1時間ほどおく。

❸揚げ油を170℃に熱し、❷の汁けをきって片栗粉をまぶして入れる。6分ほど揚げる。

❹揚げたらよく油を切り、つけ合わせの野菜とともに皿に盛る。

コロッケ

じゃがいもはゆでてもよいのですが、できれば蒸してほっくりと。マッシャーでつぶしすぎず、あえて雑に粗く仕上げたほうが、じゃがいもの甘さを感じられます。

材料（4 食分）

じゃがいも
　・・・・・・・3 〜 4 個 (約 500g)
たまねぎ・・・・・・・大 1/2 個
菜種油・・・・・・・・適量
豚ひき肉・・・・・・・160g
塩・・・・・・・・・・小さじ 1
こしょう・・・・・・・小さじ 1/4
薄力粉、溶き卵、パン粉
　・・・・・・・・・各適量
つけ合わせの野菜・・・適量
揚げ油・・・・・・・・適量

作り方

❶じゃがいもは皮をむいて芽を取り、適当な大きさに切って 15 〜 20 分蒸す。マッシャーで簡単につぶせるくらいが目安。

❷たまねぎはみじん切りにする。

❸フライパンに油を熱し、❷のたまねぎとひき肉を炒め、塩、こしょうで味をととのえる。

❹蒸し上がったじゃがいもをマッシャーでつぶし、❸と混ぜる。8 等分して俵型または楕円にまとめる。

❺薄力粉、溶き卵、パン粉を順にまぶし、190 〜 200℃の油できつね色になるまで揚げる。

❻からりと揚がったら、油をきり、つけ合わせの野菜を添えて皿に盛る。

とんかつ

豚肉は筋切りし、肉たたき、または包丁の背で叩きのばしてから衣をつけます。子どもたちがお箸で食べやすい、しっとりとやわらかいとんかつになるポイントです。

材料（4食分）

とんかつ用豚肉・・・・4枚
塩、こしょう・・・・・各少々
薄力粉、溶き卵、パン粉
　・・・・・・・・・・各適量
揚げ油・・・・・・・適量
中濃ソース、練り辛子
　・・・・・・・・・各適量
つけ合わせの野菜、
　レモン・・・・・・各適量

作り方

❶豚肉は筋を切り、肉たたき、または包丁の背で叩く。

❷塩、こしょうをふり、薄力粉、溶き卵、パン粉を順にまぶす。

❸揚げ油を175℃に熱し、❷を入れる。泡が小さくなり、衣がきつね色になるまで揚げる。

❹油をきった❸を食べやすい大きさに切って皿に盛り、つけ合わせの野菜、レモン、中濃ソース、練り辛子を添える。

豆腐ステーキ
オニオンソース

食堂で使う豆腐や油揚げは埼玉県内にある「大豆工房みや」（P.89）のもの。大豆の甘みが広がる逸品です。たまねぎをじっくり炒めた甘いソースが豆のおいしさを引き立てます。

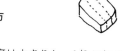

1丁の長辺と平行に包丁を入れて3等分にする。

材料（6食分）

木綿豆腐	2丁
塩、こしょう	各適量
薄力粉	適量
菜種油	少々
オニオンソース（下記）	適量
つけ合わせの野菜	適量

作り方

❶ 豆腐は水きりし、1/3に切る。それぞれに塩、こしょうをふり、薄力粉をまぶす。

❷ フライパン全体に油をなじませ、中火で2分ほど焼く。こんがり焼けたら返し、さらにふたをして弱火で5分ほど焼く。

❸ 皿に盛り、温めたオニオンソース（下記）をかけ、つけ合わせの野菜を添える。つけ合わせは温野菜がおすすめ。

オニオンソース

材料（作りやすい分量）

たまねぎ	2個
バター	大さじ1/2
洋だしのもと	小さじ1
湯	カップ3/4
醤油	小さじ2
塩、きび砂糖	各少々
白ワイン	小さじ1
水溶き片栗粉	片栗粉小さじ1を同量の水で溶く

作り方

❶ たまねぎを繊維に沿って薄切りにする。

❷ 小鍋にバターを入れて弱火にかける。溶けたら❶を入れ、全体がしんなりするまで炒める。

❸ 洋だしのもとを分量の湯で溶き、❷に加える。沸騰したら醤油、塩、砂糖を加える。味が決まったら白ワインを加える。

❹ 水溶き片栗粉を少しずつ加え、とろみをつける。

春巻き

生徒たちに話を聞くとファンが多い、具だくさんでサクッ
と揚がった春巻き。「お家ではなかなか作ってもらえない」
という声が聞かれるほど、手間がかかった一品です。

材料（4食分）

●中の具

乾燥きくらげ・・・・・	4片（約4g）
干ししいたけ・・・・	小4枚
乾燥春雨・・・・・・	40g
にら・・・・・・・・	1/3束
にんじん・・・・・・	1/3本
たけのこの水煮・・・	120g
長ねぎ・・・・・・・	1/2本
しょうが・・・・・・	1/2片
豚ばら肉薄切り肉・・	8枚
塩、こしょう・・・・	各少々
菜種油・・・・・・・	少々
ごま油・・・・・・・	少々

A

酒・・・・・・・・・	小さじ2
オイスターソース・・	大さじ1
醤油・・・・・・・・	小さじ1
きび砂糖・・・・・・	小さじ1/3
塩・・・・・・・・・	小さじ1/3

春巻きの皮・・・・・	8枚
揚げ油・・・・・・・	適量
練り辛子、酢、醤油・・	各適量
つけ合わせの野菜・・・	適量

作り方

❶ 中の具を作る。乾燥きくらげ、干しし
いたけは、水かぬるま湯で戻す。乾燥
春雨は湯を回しかけてかために戻す。

❷ にらは4cm長さ、にんじんは短めのせ
ん切りにする。❶のきくらげとしいた
け、たけのこ、ねぎ、しょうがもせん
切りにする。豚肉は細く切って、塩、
こしょうをふる。春雨は細かく切る。

❸ フライパンに菜種油を熱し、にんじん
を軽く炒める。豚肉としょうがを加え
てさらに炒め、きくらげ、しいたけ、
たけのこ、にら、ねぎも加える。Aを
加えて煮る。

❹ 煮汁が沸騰してきたら春雨を加えて炒
め合わせ、煮汁を吸収させる。仕上げ
にごま油をふり、バットなどに広げて
冷ます。

❺ ❹の1/8量を春巻きの皮の上におく。
左右を折り、手前から細長く巻く。最
後は水で溶いた薄力粉で作ったのり（分
量外）でとめる。

❻ 揚げ油を160 〜 170℃に熱し、❺を
そっと入れ、浮いてくるまで揚げる。

❼ 油をきって皿に盛り、練り辛子、酢、
醤油、つけ合わせの野菜を添える。

麻婆豆腐

食堂では「大豆工房みや」(P.89) の力強い木綿豆腐を使い、豆腐のおいしさが感じられる麻婆豆腐。味も質感ももともとしっかりしているので、麻婆豆腐では水きりしていませんが、一般家庭で手に入る豆腐で作る場合は水きりを。

材料（4 食分）

木綿豆腐・・・・・・・小 2 丁（約 400g）
長ねぎ・・・・・・・・1 本
菜種油・・・・・・・・大さじ 1
豚ひき肉・・・・・・・160g
水溶き片栗粉・・・・・片栗粉小さじ 2 を
　　　　　　　　　　同量の水で溶く
ごま油・・・・・・・・適量

A
湯・・・・・・・・・・カップ 1
中華だしのもと・・・・小さじ 1/2
甜麺醤・・・・・・・・大さじ 1/2
コチュジャン・・・・・小さじ 1/2
オイスターソース・・・大さじ 1/2
砂糖・・・・・・・・・大さじ 1 と 1/2
醤油・・・・・・・・・大さじ 2
味噌・・・・・・・・・大さじ 1/2
塩・・・・・・・・・・小さじ 1/4

B
しょうが（みじん切り）・・・1/2 片分
にんにく（みじん切り）・・・1 片分
豆板醤・・・・・・・・小さじ 1/2

作り方

❶ 豆腐は厚さを 3 等分、幅を 4 等分し、斜めに切ってひし形にする。長ねぎはみじん切りにする。

厚さを 3 等分、幅を 4 等分に切ってから、斜めに包丁を入れるとひし形になる。

❷ A をよく混ぜておく。

❸ フライパンに菜種油をなじませ、B を入れて弱火にかける。香りが立ったら半量の長ねぎを入れて炒める。さらにひき肉を加え、ポロポロになるまで炒める。

❹ ひき肉に火が通ったら❷を加えて煮立て、あくが出たら除く。

❺ ❶の豆腐を入れて軽く煮る。残りのねぎを加えて混ぜ、3〜4 分煮詰める。豆腐に火が通ったら、水溶き片栗粉を少しずつ加えてとろみをつけ、仕上げにごま油を回しかける。

クリームシチュー

冬に食べたくなるシチューは、もちろんホワイトソースから手作り。鶏肉や野菜は大きめに切って入れると、ごちそう感がアップします。あればブロッコリーを入れると彩りに。

材料（5人分）

●ホワイトソース
牛乳・・・・・・・・・カップ2と1/2
バター・・・・・・・・40g
中力粉・・・・・・・・50g

鶏もも肉・・・・・・・大1枚
塩・・・・・・・・・・少々
たまねぎ・・・・・・・1と1/2個
じゃがいも・・・・・・2個
にんじん・・・・・・・1/2本
菜種油・・・・・・・・少々
水・・・・・・・・・・適量
洋だしのもと・・・・・小さじ1
ローリエ・・・・・・・1枚
塩、白こしょう・・・・各少々

作り方

❶ホワイトソースを作る。牛乳は人肌に温める。

❷鍋にバターを入れて弱火にかけ、溶かす。中力粉をふるい入れ、弱火のままじっくり炒める。

❸全体がさらさらになったら、❶の牛乳を少しずつ加えて、だまにならないよう、そのつどしっかり混ぜる。へらで線を引いて、線がすぐ消えるくらいのゆるさになったら火を止める。

❹鶏肉はひと口大に切って塩をふる。たまねぎ、じゃがいも、にんじんは乱切りにする。

❺フライパンに油を熱し、たまねぎを炒める。しんなりしてきたら鶏肉を加え、表面の色が変わったら、にんじんとじゃがいもを加えてさらに炒める。

❻水をひたひたまで注ぎ、洋だし、ローリエ、塩、こしょうを加える。野菜に火が通ったら、❸のホワイトソースを加える。

❼ゆっくり混ぜながら弱火で煮る。とろみが出てきたら、塩とこしょうで味をととのえる。かたければ牛乳やお湯で調整する。

肉じゃが

おかずの主役になる肉じゃが。じゃがいもや糸こんにゃく
に甘辛い煮汁とだしの風味、肉の味もしみ込んで、ご飯に
ぴったり。煮たあとに少しおいて味を含ませましょう。

材料（4食分）

牛こま切れ肉（豚肉でもよい）
・・・・・・・・・・・320g
じゃがいも・・・・・・・3〜4個
にんじん・・・・・・・・1/2本
たまねぎ・・・・・・・・1と1/2個
糸こんにゃく・・・・・・80g
いんげん・・・・・・・・2本
菜種油・・・・・・・・・少々
だし汁・・・・・・・・・カップ2
みりん・・・・・・・・・小さじ1
きび砂糖・・・・・・・・大さじ4と1/2
醤油・・・・・・・・・・大さじ5

作り方

❶牛肉はひと口大に切る。じゃがいもは
皮をむいてひと口大に切って水にさら
す。にんじんは乱切り、たまねぎは大
きめのくし形切りにする。糸こんにゃ
くは食べやすく切り、ゆでこぼす。いん
げんはさっとゆでて、食べやすく切る。

❷鍋に油を熱し、たまねぎを炒める。し
んなりしてきたら牛肉を加えて炒め合
わせる。火が通ったら、にんじんと糸
こんにゃくも加えて軽く炒める。

❸だし汁とみりんを加え、沸騰したらじ
ゃがいもを入れる。

❹砂糖と醤油を加え、味をととのえて、
落としぶたをし、さらに煮る。

❺じゃがいものやわらかさがちょうどよ
くなったら火を止めてそのまま冷まし、
味をしみこませる。

❻器に盛りつけ、❶のいんげんをのせる。

さばの味噌煮

ほんのり甘く煮るさば。木綿豆腐をひと切れ一緒に煮れば、そこにもおいしさがしみ込みます。香ばしく焼いた長ねぎもよく合います。しょうがを隠し味にして。

材料（4食分）

さばの切り身・・・・・4切れ
木綿豆腐・・・・・・小1丁（約200g）
しょうが・・・・・・1片
長ねぎ・・・・・・・1本

A
水（またはだし汁）・・・カップ1
砂糖・・・・・・・・大さじ2と1/2
酒・・・・・・・・・大さじ1と1/2
醤油・・・・・・・・大さじ1と1/2
味噌・・・・・・・・大さじ1と1/2

作り方

❶ さばは水けをキッチンペーパーなどでふき、皮目に切り目を入れる。豆腐は水きりし、4等分に切る。しょうがは薄切りにする。

❷ ねぎは3〜4cm長さに切り、ななめに切り目を入れ、フライパンで焼き色をつける。

❸ 鍋に、Aを入れて中火にかけ、砂糖を溶かす。

❹ さばとしょうがを入れて、再度煮立ったら、落としぶたをして5分ほど煮る。

❺ さばを取り出し、残った煮汁で豆腐を煮る。とろみが出るまで煮詰める。

❻ ❺の豆腐とさばを皿に盛り、❷のねぎを添え、煮汁をかける。

たらの揚げ煮

たらの切り身は醤油としょうがで下味をつけて、くさみを除きます。カラッと揚げたら、すぐさまジュッと煮汁へ。衣までおいしく仕上がります。ほかの白身魚でもお試しを。

材料（4食分）

たらの切り身・・・・・8切れ
しょうがのすりおろし
　・・・・・・・・・1片分
酒・・・・・・・・・大さじ1と1/2
片栗粉・・・・・・・適量
揚げ油・・・・・・・適量
つけ合わせの青菜・・・適量

A
醤油・・・・・・・・カップ1/2
きび砂糖・・・・・・大さじ4と1/2
だし汁・・・・・・・大さじ3
酒・・・・・・・・・大さじ2

作り方

❶ たらにしょうがと酒をまぶし、30分ほどおく。

❷ Aは小鍋に合わせて温める。

❸ ❶の水けをきり、片栗粉をまぶす。160℃に熱した油でからりと揚げる。

❹ 熱いうちに❷に入れ、さっと煮る。つけ合わせの青菜を添える。

献立❶ だしをとる

だしは料理の要。食堂では厚削り節と昆布で一番だしを、そのだしがらで二番だしをとってそれぞれ料理に生かし、最後はだしがら自体まで味わいます。

一番だしのとり方

材料（作りやすい分量）

水・・・・・カップ5
昆布・・・・・5g
厚削り節・・・40g

作り方

❶水に昆布を浸す。できるだけ長く、30分以上が望ましい。

❷弱火にかけ、昆布のふちから小さい泡が出る状態を保ちながら、沸騰しないようにじっくり昆布だしをとる。

❸昆布は取り出し、厚削り節を入れる（食堂ではさらしの袋に入れる）。躍るくらいの火加減で8分ほど煮出す。袋に入れていなければ、さらしなどでこす。

二番だしのとり方

材料（作りやすい分量）

水・・・・・・・・・・・・・カップ2と1/2
一番だしで使った昆布、
　削り節のだしがら・・・・全量
塩・・・・・・・・・・・・・ひとつまみ

作り方

❶鍋にすべての材料を入れ、中火にかける。沸騰したら弱火にし、10分ほど煮出す。

❷さらしなどでこす。

昆布を水に浸しておくと、だしを引く前にはこんなに増量。

厚削り節はさらしの袋に入れてお湯の中へ。

昆布の佃煮〈だしがらの昆布で〉

材料（作りやすい分量）

だしをとったあとの昆布・・・・100g
醤油・・・・・・・・・・・・小さじ5
みりん・・・・・・・・・・・小さじ4
酒・・・・・・・・・・・・・小さじ4
きび砂糖・・・・・・・・・・小さじ4
酢・・・・・・・・・・・・・小さじ2
梅干しの種・・・・・・・・・数個
煎り白ごま・・・・・・・・・適量

作り方

❶昆布は幅4cmに切り、細切りにする。

❷鍋にごま以外の材料をすべて入れ、中火にかける。沸騰したら弱火にし、30分ほど、やわらかくなるまで煮込む。

❸冷めたら梅干しの種を除き、ごまをふる。

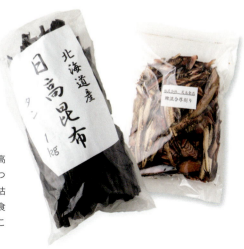

左／澄んだだしがとれる日高昆布を贅沢に使う。右／かつお、そうだがつお、さばの枯れ節がブレンドされた足立食品の厚削り。複数種を使うことで、旨味に奥行きが出る。

ご飯・麺

チキンカレー

卒業生からも「また食べたい」という声が多く上がるのが、カレー。市販のルウに頼らず、よく炒めたたまねぎや複数のスパイスを使って、味と香りが複雑に絡み合う逸品なのです。

材料（4食分）

鶏もも肉・・・・・・・・2枚

●下味
プレーンヨーグルト・・・60g
しょうがのみじん切り・・1/2片
にんにくのみじん切り・・1/2片
カレー粉・・・・・・・・小さじ1/2
塩、こしょう・・・・・各少々

たまねぎ・・・・・・・2個
にんじん・・・・・・・1/2本
菜種油・・・・・・・・少々
クミンシード・・・・・少々
水・・・・・・・・・・カップ5
ローリエ・・・・・・・1枚
洋だしのもと・・・・・小さじ1/4
ココナッツミルク・・・カップ1/4
塩、こしょう・・・・・各適量
ガラムマサラ・・・・・少々
ご飯・・・・・・・・・適量
ピクルス・・・・・・・適量

A
オールスパイス、
　カルダモン、コリアン
　ダー、クローブ(すべて粉末)
　・・・・・・・・・・各少々

B
濃厚ソース・・・・・・大さじ1と1/2
ウスターソース・・・・大さじ1と1/2
トマトケチャップ・・・大さじ1/2
トマトピューレ・・・・大さじ1/2

B（つづき）
醤油・・・・・・・・・小さじ1
カレーペースト・・・・小さじ1
カレー粉・・・・・・・小さじ1/3
塩、こしょう・・・・・各適量
チリソース・・・・・・少々
チャツネ・・・・・・・少々

作り方

❶鶏肉はひと口大に切り、30分ほど下味に漬ける。

❷たまねぎは繊維に沿って幅5mmほどに切り、にんじんはいちょう切りにする。

❸鍋に油を熱し、クミンシードを軽く炒め、❷のたまねぎを入れて茶色くなるまで炒める。❶を入れて炒め、鶏肉の表面が白くなったら、にんじんを加えてさらに炒める。

❹分量の水を注ぎ、ローリエと洋だしを入れ、弱火で煮る。あくが出たら除く。

❺フライパンにAをすべて入れ、空煎りして香りを立たせる。❹に加えて混ぜる。

❻Bを加えてなじませ、さらにココナッツミルクを加えてとろみがつくまで煮詰める。

❼塩、こしょうで味をととのえ、仕上げにガラムマサラを加えて香りを出す。

❽皿にご飯を盛り、❼をかけ、粗みじん切りにしたピクルスを添える。

ドライカレー

香味野菜とスパイスをふんだんに使ったひき肉のカレーも
人気メニューのひとつ。自家製のピクルス（P.68）を刻ん
だものを添えて、薬味にするのがおすすめです。

材料（4食分）

たまねぎ・・・・・・・・2個
にんじん・・・・・・・・1/2本
にんにく・・・・・・・・1/2片
しょうが・・・・・・・・1/2片
菜種油・・・・・・・・・適量
クミンシード・・・・・少々
豚ひき肉・・・・・・・400g
塩、こしょう・・・・・各適量
ローリエ・・・・・・・1枚
カレー粉・・・・・・・大さじ3強
ガラムマサラ・・・・・少々
ご飯・・・・・・・・・適量
ピクルス・・・・・・・適量

A
オールスパイス、
　カルダモン、コリアン
　ダー、クローブ (すべて粉末)
　・・・・・・・・・各少々

B
濃厚ソース・・・・・・大さじ1と1/2
ウスターソース・・・・大さじ1と1/2
トマトケチャップ・・・大さじ1/2
醤油・・・・・・・・・小さじ1
塩、こしょう・・・・・各適量
カレーペースト、チャツネ、
　チリソース (あれば)・・各少々

作り方

❶たまねぎ、にんじん、にんにく、しょ
　うがはみじん切りにする。

❷鍋に油を熱し、クミンシードとたまね
　ぎを入れ、たまねぎが茶色くなるまで
　炒める。

❸ひき肉、❶のにんにく、しょうがを入
　れて炒める。肉に火が通ったら、にん
　じんを加えてさらに炒める。

❹塩、こしょう、ローリエ、カレー粉を
　加えてさらに炒める。

❺フライパンにAをすべて入れ、空煎り
　して香りを立たせる。❹に加えて混ぜ
　る。

❻Bを加えて味をととのえる。仕上げに
　ガラムマサラをふる。

❼皿にご飯を盛り、❻をかけ、みじん切
　りにしたピクルスを添える。

ハヤシライス

牛肉とたまねぎがたっぷり入った、甘やかなソース。じっくり炒めたブラウンルウや、砂糖を焦がして作るカラメルソースが、味を複雑にするための隠し味です。

材料（4食分）

●ブラウンルウ
バター・・・・・・・・・大さじ3
薄力粉・・・・・・・・・大さじ4と1/2

たまねぎ・・・・・・・・2個
牛ばら薄切り肉・・・・400g
マッシュルーム・・・・4個
菜種油・・・・・・・・・少々
トマトピューレ・・・・大さじ2と1/2
水・・・・・・・・・・・カップ3
ローリエ・・・・・・・・1枚
きび砂糖・・・・・・・・大さじ1
赤ワイン・・・・・・・・小さじ2
ご飯・・・・・・・・・・適量

A
トマトケチャップ・・・大さじ2
ウスターソース・・・・大さじ1と1/2
塩・・・・・・・・・・・大さじ1/2
こしょう・・・・・・・・少々

作り方

❶ブラウンルウを作る。鍋にバターを入れて中火にかけ、溶けたら薄力粉をふるい入れる。茶褐色になるまで弱火で15分ほど炒め、火からおろす。

❷たまねぎは縦に4等分し、横にスライスする。牛肉は食べやすい大きさに切る。マッシュルームは縦にスライスする。

❸鍋に油を熱し、たまねぎを入れて弱火でしんなりするまで炒める。

❹トマトピューレを加えてさらに炒め、酸味をとばす。

❺❷の牛肉とマッシュルームを加えて炒める。

❻分量の水とローリエを加えて煮る。あくが出たら除く。

❼煮立ったら、Aを加え、さらにブラウンルウを煮汁で溶きながら加える。

❽砂糖を小鍋に入れ、砂糖がしめるくらいの少量の水（分量外）で煮溶かしてカラメルソースを作り、❼に加える。仕上げに赤ワインを加える。

❾皿にご飯を盛り、❽をかける。

オムライス

人気のオムライスはシンプルに、チキンライスを卵焼きでくるり。味つけはトマトケチャップですが、「光食品」(P.89)のオーガニックケチャップはトマトの甘さが濃厚!

材料（4食分）

●チキンライス
- 鶏胸肉・・・・・・・・・1/2枚
- 酒・・・・・・・・・・・少々
- たまねぎ・・・・・・・・大1/2個
- バター・・・・・・・・・大さじ1と1/2
- トマトケチャップ・・・カップ1/2
- ご飯・・・・・・・・・・茶碗4杯分
- 塩・・・・・・・・・・・小さじ1/4
- こしょう・・・・・・・・少々

- 菜種油・・・・・・・・・少々
- 卵・・・・・・・・・・・4個
- トマトケチャップ（ソース用）
  ・・・・・・・・・・・カップ1/2強
- つけ合わせの野菜・・・・適量

作り方

❶ チキンライスを作る。鶏肉は1cm角に切り、酒をふる。たまねぎはみじん切りにする。

❷ フライパンに半量のバターと、❶のたまねぎを入れて炒める。

❸ たまねぎに火が通ったらケチャップを加え、ケチャップの水分がなくなるまで炒める。へらで線を引き、あとが残る程度になったら❶の鶏肉も加える。火が通ったらいったんバットにあげる。

❹ ❸のフライパンに残りのバターをなじませ、ご飯を炒める。❸の鶏肉を戻し入れ、塩、こしょうで味をととのえる。

❺ 直径24cmのフライパンに油をなじませて中火で熱し、溶き卵1個分を流し入れ、薄焼き卵を作る。残りも同様に、4枚焼く。オムライスの型や茶碗などに1枚入れ、❹のチキンライス1/4を入れる。返して皿に盛る。残りも同様に作る。

❻ ケチャップ（小鍋などで温めるとよい）をかけ、つけ合わせの野菜を添える。

後閑養鶏園の卵。広々した鶏舎で自家配合した餌を食べて育った鶏の卵だ。

五目ご飯

根菜がたくさん入った炊き込みごはん。さまざまなだしがご飯にしみ込みます。薄口と濃口醤油を2種類重ねることで味わい深くなりますが、難しければどちらかでも OK。

材料（4食分）

- 干ししいたけ・・・・・2枚
- 米・・・・・・・・・400g
- 水・・・・・・・・・カップ2と1/2
- ごぼう・・・・・・・1/4本
- にんじん・・・・・・1/5本
- たけのこの水煮・・・・40g
- 油揚げ・・・・・・・1/2枚
- れんこん・・・・・・40g
- 酒、薄口醤油・・・・・各大さじ1
- 昆布・・・・・・・・少々
- いんげん・・・・・・2本

●濃口ベース
だし汁
　（二番だし、しいたけの戻し汁）・・適量
濃口醤油・・・・・・・少々

●薄口ベース
だし汁
　（二番だし、しいたけの戻し汁）・・適量
薄口醤油・・・・・・・少々

作り方

❶ 干ししいたけは水（分量外）に浸して戻す。戻し汁は、だし汁として使う。

❷ 米はとぎ、炊飯釜に入れて分量の水に浸す。

❸ ❶のしいたけは軸をとって細切り、ごぼう、にんじん、たけのこ、油揚げも細切りにする。れんこんは薄いいちょう形に切る。ごぼうとれんこんは軽く水にさらす。

❹ しいたけとごぼうはそれぞれ濃口ベースで、にんじん、たけのこ、油揚げ、れんこんはそれぞれ薄口ベースで煮て火を通し、そのまま冷まして味をしみ込ませる。

❺ ❷に、酒、薄口醤油、昆布を加え、炊き上げる。

❻ いんげんをさっとゆで、食べやすく切る。

❼ 炊きたての❺に汁けをきった❹を混ぜ込み、いんげんを散らす。

とろとろ丼

夏バテ気味の子に食べてほしい、さっぱりしていてスタミナがつく丼もの。山かけ、納豆、とろろ昆布と、3つのとろとろ食材を使います。オクラやめかぶもおすすめです。

材料（1食分）

- まぐろ（刺身用）・・・・・50g
- きゅうり・・・・・・・・3cm
- 山いも・・・・・・・・30g
- 納豆・・・・・・・・・20g
- 焼きのり・・・・・・・適量
- ご飯・・・・・・・・・適量
- とろろ昆布・・・・・・大さじ2〜3
- 温泉卵・・・・・・・・1個
- わさび・・・・・・・・適量
- 醤油・・・・・・・・・適量

作り方

❶ まぐろは粗く包丁で叩く。きゅうりは小口切りにする。山いもはすりおろす。納豆は混ぜる。のりは短冊に切る。

❷ 丼にご飯を盛り、❶すべてと、とろろ昆布をのせ、温泉卵、わさび、醤油を添える。

温泉卵の作り方

水に卵を入れて火にかけ、沸騰したら弱火にして5〜6分。流水にとる。

中華おこわ

もち米を使って炊き上げる本格おこわは、それだけでメインのひと品にもなります。鶏肉や根菜の旨味をふっくらと含み、冷めてもおいしいのでお弁当にもぴったりです。

材料（4食分）

干ししいたけ・・・・・	4枚
もち米・・・・・・・	600g
にんじん・・・・・・	1/4本
たけのこの水煮・・・・	120g
鶏もも肉・・・・・・	1/2枚
醤油、酒・・・・・・	各小さじ1強
菜種油・・・・・・・	適量
松の実・・・・・・・	5g

A

薄口醤油・・・・・・・	大さじ1と1/2
酒・・・・・・・・・	小さじ2
きび砂糖・・・・・・・	小さじ1強
塩・・・・・・・・・	小さじ1/2
中華だし	
（中華だしのもと小さじ1/3～	
1/2を湯で溶く）・・・・	カップ3/4

作り方

❶ 干ししいたけは水（分量外）に浸して戻す。戻し汁はとっておく。

❷ もち米はといで1時間以上水に浸し、ざるにあげて水けをきる。

❸ ❶のしいたけ、にんじん、たけのこは小さめのさいの目切りにする。鶏肉は小さく切り、醤油と酒をふっておく。

❹ フライパンに油少々をなじませて熱し、鶏肉、にんじん、たけのこ、しいたけを順に入れて炒める。Aを加えてひと煮立ちさせる。

❺ 具と煮汁を分ける。煮汁、❶のしいたけの戻し汁に、水を合わせて160㎖にする。

❻ フライパンに再度油を熱し、❷のもち米を炒める。米が温まって、手で触って温かいくらいになったら火を止め、❺の具と計量した汁を加えてなじませる。

❼ 湯気の上がったせいろにオーブンシートを敷き、❻を平らにならして入れ、松の実を散らし、50分ほど蒸す。火を止め、そのまま10分蒸らす。

コラム ❷ おいしいご飯を炊く

食堂のご飯は基本的に胚芽米。これが「白いご飯」と呼ばれます。さらに、雑穀を混ぜたものや玄米も。一度に5キロをガスでふっくらと炊きます。

左／胚芽米と一緒に炊く雑穀。左から、ムソーの米粒麦、オーサワジャパンのもちきびと黒米。ツブツブ、もちもちと、食感が楽しくなる。　右／米は滋賀の「ファーム・ひらい」など、契約している農家で特別栽培。なかには卒業生・小川達也さん（6期生）が千葉で作る米も。

玄米ご飯

材料（5食分）

玄米・・・・・・・・・・500g
金時豆（または黒豆）・・・・50g
塩・・・・・・・・・・・ひとつまみ
水・・・・・・・・・・・650〜700㎖

作り方

❶玄米をとぐ。豆は洗う。
❷圧力鍋に❶と塩を入れてざっと混ぜ、最低1時間以上、分量の水に浸す。
❸強火にかけ、圧力鍋がシューシューといい出したら弱火にして30分炊く。10分ほど蒸らす。または、炊飯器の玄米モードを使ってもよい。

雑穀ご飯

材料（5食分）

白米・・・・・・・・・・500g
押し麦・・・・・・・・・20g
きび・・・・・・・・・・10g
黒米・・・・・・・・・・10g
水・・・・・・・・・・・630〜640㎖

作り方

❶白米はといで水に浸し、ざるにあげる。
❷押し麦、きび、黒米は目の細かいざるで洗う。
❸❶と❷を炊飯釜に入れ、分量の水を注ぎ、炊く。

炊きたてのご飯（胚芽米）をバットに広げて水分を飛ばし、おむすびを握っているところ。だしをとったあとの昆布で作った佃煮（P.39）を具にしている。売店で中休みに販売すると、あっという間に売り切れる。

ミートソース スパゲッティ

食堂のミートソースには意外なほどたくさんのスパイスが複雑に使われていて、奥深い味わい。フレッシュトマトを刻んで加えるのもおすすめです。

材料（4食分）

●ミートソース
たまねぎ・・・・・・・・大1個
にんじん・・・・・・・・1/2本
にんにく、しょうが・・・各少々
菜種油・・・・・・・・・少々
豚ひき肉・・・・・・・・200g
水・・・・・・・・・・・カップ2と1/2
塩・・・・・・・・・・・小さじ1/2
こしょう・・・・・・・・少々
きび砂糖・・・・・・・・小さじ1/4
ローリエ・・・・・・・・1枚
トマトケチャップ・・・・大さじ8
チリソース・・・・・・・適量

A
ウスターソース・・・・・大さじ1強
濃厚ソース・・・・・・・大さじ1強
トマトピューレ・・・・・大さじ1/2
洋だしのもと・・・・・・小さじ1/3
オレガノパウダー・・・・小さじ1/4
チリパウダー、パプリカ
　　パウダー、ナツメグ(粉末)、
　　オールスパイス、ガーリッ
　　クスパイス・・・・・各少々

スパゲッティ・・・・・・400g
ゆでる用の塩・・・・・・適量

作り方

❶ ミートソースを作る。たまねぎ、にんじん、にんにく、しょうがはみじん切りにする。

❷ 鍋に油を入れて弱火で熱し、にんにくとしょうがを入れて炒める。香りが立ったらたまねぎを加え、15分ほど、水けがなくなるまで炒める。

❸ ひき肉を加えてほぐしながら炒める。肉に火が通ったらにんじんを加え、さっと炒めて、分量の水を注ぐ。塩、こしょう、砂糖、ローリエを加えて中火にし、しばらく煮る。あくが出たら除く。

❹ 半量のケチャップとAを加える。

❺ 2カップ分くらいになるまで煮詰まったら、味をみながら残りのケチャップを加え、塩、こしょう（分量外）で味をととのえる。仕上げにチリソースを数滴垂らす。

❻ 塩を加えたたっぷりのお湯で、スパゲッティを表示通りにゆで、水けをきって皿に盛り、❺をかける。

マカロニグラタン

バターをたっぷり使ってホワイトソースから作るあつあつグラタン。えびだけでなく、じゃがいもやほうれんそうなど野菜も入れて、栄養たっぷりに仕上げます。

材料（4食分）

たまねぎ・・・・・・・1/2個
にんじん・・・・・・・1/2本
じゃがいも・・・・・・1個
ほうれんそう・・・・・4株
むきえび・・・・・・・小20〜24尾
白ワイン (または酒)・・・・少々

●ホワイトソース
バター・・・・・・・・60g
薄力粉・・・・・・・・カップ3/4
牛乳・・・・・・・・・カップ4

菜種油・・・・・・・・少々
洋だしのもと・・・・・小さじ1/2
塩、白こしょう・・・・各適量
ショートパスタ
　（フジッリ、マカロニなど）・・160g
ゆでる用の塩・・・・・適量
シュレッドチーズ・・・適量
パン粉・・・・・・・・適量

生乳から丁寧に製造された蔵王酪農センターのシュレッドチーズ。

作り方

❶たまねぎは粗みじん、にんじんは小さめの乱切り、じゃがいもは小さめに切る。ほうれんそうはゆでて冷水にとって、水けをしぼり、食べやすい大きさに切る。

❷にんじんは4分、じゃがいもは10分ほど蒸すか、やわらかくなるまでゆでる。

❸えびはさっと洗い、白ワインをまぶして軽くゆでる。

❹ホワイトソースを作る。鍋にバターと薄力粉を入れて弱火にかけ、さらさらになるまで5〜6分炒める。温めた牛乳を少しずつ加えてのばす。

❺フライパンに油をなじませ、❶のたまねぎを炒める。しんなりしたら火を止め、❶のほうれんそう、❷、❸（汁ごと）、❹を加えて弱火にかけて温める。

❻洋だし、塩、こしょうを少量の熱湯（分量外）で溶き、❺に加えて混ぜる。ソースがかたければ牛乳で調節する。

❼パスタは、表示通りに塩を加えた湯でゆで、水けをきって❻と合わせる。

❽グラタン皿にバター（分量外）を塗り、❼を入れる。シュレッドチーズとパン粉をちらし、230℃に予熱したオーブンで7〜8分、こんがりするまで焼く。

力うどん

食堂のうどんは、つゆはもちろんのこと、麺も手打ち（P.60）。さらに玄米餅をやわらかく揚げ、トッピングします。野菜や温泉卵ものせて、元気の出る1杯です。

材料（1食分）

揚げ油・・・・・・・・適量
玄米餅・・・・・・・・1個
うどん・・・・・・・・100g
かけ汁（P.61）・・・・・カップ2
温泉卵（P.49）・・・・・1個
ゆでた青菜、
　長ねぎ（小口切り）、
　ゆずの皮のせん切り
・・・・・・・・・各適量

作り方

❶揚げ油を180〜190℃に熱し、玄米餅を入れ、浮いてきて、ふっくらするまで4〜5分揚げる。

❷うどんを表示通りにゆで、ざるにあげる。

❸丼に温めたかけ汁を注ぎ、❷を入れ、❶、温泉卵、青菜、ねぎ、ゆずの皮をのせる。

肉うどん（P.60）
カうどんの餅と温泉卵の代わりに、豚ばら肉（300g）と、たまねぎ（1/2個）のくし切りを、だし（カップ1/2）、醤油（大さじ2）、酒（小さじ4）、砂糖（小さじ2）で甘辛く煮付けてのせる。

きつねそば

きつねに使う油揚げは「大豆工房みや」（P.89）のものをていねいに煮ています。上質な油でさっと揚げた油揚げだから、油抜きをしなくても、きれいに煮上がります。

材料（1食分）

- 油揚げ・・・・・・・・・1枚
- だし汁・・・・・・・・・カップ1と1/2
- きび砂糖・・・・・・・・大さじ2と2/3
- 醤油・・・・・・・・・・大さじ1と1/3
- そば・・・・・・・・・・100g
- かけ汁 (P.61)・・・・・・カップ2
- 温泉卵 (P.49)・・・・・・1個
- ゆでた青菜・・・・・・・適量
- 長ねぎの小口切り・・・・適量

作り方

❶ 油揚げを煮る。油揚げは半分に切る。鍋に入れ、だし汁を注いで中火にかける。沸騰し、油揚げがだし汁を吸ったら、砂糖を加える。砂糖が溶けきったら、醤油を加え、2〜3分煮る。

❷ そばを表示通りにゆで、ざるにあげる。

❸ 丼に温めたかけ汁を注ぎ、❷を入れ、❶、温泉卵、青菜、ねぎをのせる。

昼ご飯 ❸ 素朴で贅沢なうどん

自由の森学園があるエリアは、実は昔からうどんを手打ちする文化がしっかり根付いているのだそう。だからうどんを打つことへのハードルは低かった、といいますが、手間がかかっていることは事実。こんなうどんを日常的に食べられる生徒たちは幸せです。

こねたうどんの生地は製麺機へ。

大量にゆでたうどんを冷水でしめている。

うどんのかけ汁。黄金色で美しい。

早く食べたい生徒にはうどんが大人気。こちらは肉うどんを仕上げているところ。

うどんのかけ汁

材料（4食分）

●一番だし
- 昆布・・・・・・・・8g
- 厚削り節・・・・・・65g
- 水・・・・・・・・1.6ℓ

- 塩・・・・・・・・・小さじ1
- きび砂糖・・・・・・大さじ2弱
- みりん・・・・・・・小さじ1/3
- 薄口醤油・・・・・・大さじ5
- 白だし・・・・・・・大さじ1

作り方

❶ P.38の要領で一番だしをとる。

❷ ❶を弱火で温めながら塩を加え、溶けたら砂糖とみりんを加えて同様に溶かし、火を止める。薄口醤油と白だしを加えて味をととのえる。

そばのかけ汁

材料（4食分）

●一番だし
- 昆布・・・・・・・・8g
- 厚削り節・・・・・・60g
- 水・・・・・・・・1.5ℓ

- きび砂糖・・・・・・大さじ4
- みりん・・・・・・・大さじ1強
- 濃口醤油・・・・・・120mℓ
- 白だし・・・・・・・大さじ1

作り方

❶ P.38の要領で一番だしをとる。

❷ 弱火で温めながら砂糖とみりんを加えて溶かし、火を止める。濃口醤油と白だしを加えて味をととのえる。

定食以外に、うどん、そば、スパゲッティなどの麺類が、昼食メニューに日替わりで登場。なかでも、うどんはファンが多い。

副菜

ポテトサラダ

ゆでるのではなく、ひと手間かけてホクホクするように蒸したじゃがいものおいしさを感じられるポテトサラダです。

材料（4食分）

じゃがいも・・・・・・・2個
にんじん・・・・・・・・1/4本
たまねぎ・・・・・・・・1/6個
ハム・・・・・・・・・・40g
ホールコーン（缶詰）・・・40g
マヨネーズ・・・・・・・大さじ2
マスタード（または練り辛子）
　・・・・・・・・・・・適量
塩、こしょう・・・・・・各適量

作り方

❶じゃがいもは大きめのひと口大に切り、かんたんにつぶれるくらいやわらかくなるまで蒸す。にんじんはいちょう切りにしてゆでる（蒸してもよい）。たまねぎは繊維に沿って薄く切り、水にさらす。ハムは色紙切りにする。

❷❶すべてと汁けをきったホールコーンを混ぜる。

❸マヨネーズに好みの量のマスタードを混ぜ、❷に加えて混ぜる。塩、こしょうで味をととのえる。

おからのサラダ

おからが主役のオリジナルのサラダ。トマトやきゅうり、ブロッコリー、コーンなどを入れるのもおすすめ。おからより野菜が多いほうがおいしくできます。また、マヨネーズを使わずにフレンチドレッシングや和風ドレッシングで仕上げても。

材料（6食分）

- たまねぎ・・・・・・・1/6個
- にんじん・・・・・・・1/5本
- 塩、こしょう・・・・・各少々
- りんご（または梨）・・・・1/8個
- レタス・・・・・・・・2枚
- おから・・・・・・・・200g
- ツナ（缶詰）・・・・・・1/4缶
- マヨネーズ・・・・・・大さじ6

作り方

❶たまねぎは繊維に沿って薄く切り、にんじんはせん切りにし、軽く塩、こしょうをふる。りんごもせん切りにする。レタスは食べやすく切る。

❷❶、おから、汁けをきったツナを混ぜる。

❸マヨネーズ、塩、こしょうで味をととのえる。

切り干し大根のサラダ

煮物イメージが強い切り干し大根を、パリッとした食感のサラダに仕上げます。中華風のドレッシングを絡めて。

材料（4食分）

切り干し大根・・・・・カップ1
にんじん・・・・・・・2cm
塩・・・・・・・・・・少々
水菜・・・・・・・・・1/2株
ホールコーン（缶詰）・・・20g

A
砂糖・・・・・・・・・大さじ1/2
ごま油・・・・・・・・小さじ1
醤油・・・・・・・・・小さじ1
酢・・・・・・・・・・小さじ1
煎り白ごま・・・・・・小さじ1
塩・・・・・・・・・・少々
豆板醤・・・・・・・・少々

作り方

❶ 切り干し大根は熱湯にくぐらせて水にとり、水けをしぼって長ければ切る。にんじんはせん切りにして塩もみする。水菜は食べやすく切る。

❷ ホールコーンは汁けをきり、❶と混ぜる。

❸ Aを混ぜてドレッシングを作り、❷に絡める。

有機食品のオーサワの切り干し大根は有機大根を天日干ししたもの。

白あえ

食堂のスタッフの白あえ名人の黄金率レシピから。このあえ衣さえあれば、ひじきや油揚げ、ちくわなど、好きな具を入れてアレンジして楽しめます。

材料（4食分）

●あえ衣
- 木綿豆腐・・・・・・・1/2丁
- 煎り白ごま・・・・・・大さじ2
- きび砂糖・・・・・・・小さじ1強
- 薄口醤油・・・・・・・小さじ1/5
- 塩・・・・・・・・・・少々
- 白味噌・・・・・・・・小さじ1/2

- にんじん・・・・・・・1/4本
- 塩・・・・・・・・・・少々
- しらたき・・・・・・・60g
- 青菜・・・・・・・・・1/2束

作り方

❶ あえ衣を作る。豆腐は軽く水きりをする。ごまは、すり鉢でする。豆腐をボウルに入れ、ごま、砂糖、醤油、塩、白味噌を加え、混ぜながら豆腐をつぶしてなめらかにする。

❷ にんじんは短冊切りにし、塩もみする。しらたきは食べやすい長さに切り、塩（分量外）を加えた湯でゆでこぼす。青菜はさっとゆで、しっかりと水けをきり、食べやすい大きさに切る。

❸ ❶と❷をあえる。

かぼちゃの煮物

甘いかぼちゃを優しいだしで、含ませるように煮ます。梅干しの種を加えることで味が引き締まり、甘さが際立つのでぜひ入れてみて。

材料（作りやすい分量）

かぼちゃ・・・・・・・・大 1/4 個
だし汁・・・・・・・・・カップ 2
醤油・・・・・・・・・・35ml
きび砂糖・・・・・・・・25g
梅干しの種・・・・・・・1 個
塩・・・・・・・・・・・少々

作り方

❶かぼちゃは食べやすい大きさに切る。

❷鍋に❶を並べ入れ、残りの材料をすべて加えて煮る。だしが沸騰したら 5 分で火を止める。

❸かぼちゃがほっくりとやわらかくなったらできあがり。梅干しの種を除く。

青菜と油揚げの煮びたし

煮びたしには、作っておいたうどんやそばのかけ汁を使います。また、野菜も時期によって多く手に入ったものを冷凍しておいて、たまったらさっとゆがいて解凍して煮びたしに。食堂のおたすけメニューです。

材料（作りやすい分量）

小松菜などの青菜・・・・1束
　※たくさん手に入った青菜をかためにゆでて冷凍しておいたものでも

油揚げ・・・・・・・・・1枚
うどん（またはそば）の
　かけ汁（P.61）・・・・・適量
煎り白ごま・・・・・・・適量

作り方

❶青菜はさっとゆで、水けをしぼって3〜4cm長さに切る。油揚げは短冊切りにする。

❷鍋に❶を入れ、かけ汁をひたひたまで注ぎ、ひと煮立ちさせる。

❸器に盛り、ごまをふる。

保存食

ピクルス

サンドイッチや、刻んでカレーなどの薬味に大活躍してくれる、きゅうりのピクルス。暑い時期にきゅうりを120〜150kgほども漬けて、一年中楽しめるようにしています。

材料（作りやすい分量）

きゅうり・・・・・・・・10本
塩・・・30g （きゅうり重量の3%）

●ピクルス液
きび砂糖・・・・・・・・90g
酢・・・・・・・・・・・カップ3/4
塩・・・・・・・・・・25g
ローリエ・・・・・・・1枚
赤唐辛子・・・・・・・1本

作り方

＜1日目＞
❶きゅうりはていねいに洗い、清潔な布巾かキッチンペーパーなどで水けをふく。塩をすり込み、バットに並べるかビニール袋に入れ、余った塩をまんべんなくまぶす。

❷きゅうりの倍の重量の重石をして、ひと晩塩漬けにする。

❸ピクルス液の材料をすべて鍋に入れ、砂糖が溶けるまで煮立てる。

＜2日目＞
❶保存用のガラス瓶、ふたに熱湯をかけて消毒する。

❷きゅうりを熱湯に30秒くぐらせ、清潔なタオルやキッチンペーパーで水けをふく。ガラス瓶に詰め込む。

❸❷にピクルス液を上部まできっちり入れる。きゅうりが完全に浸かるまで注ぐこと。

紅玉りんごジャム

冬に出回る、甘酸っぱいりんご、紅玉。いちばんおいしい時期に1年分のジャムを作ります。朝ごはんのパンにつけたり、ヨーグルトに入れたり、パウンドケーキに焼き込んだりして楽しむのです。

材料（作りやすい分量）

紅玉りんご・・・・・・・適量5個（約1kg）
糖蜜（またはきび砂糖）
　・・・・・・・・550g（りんごの正味量の60%）
レモン汁・・・・・・・・大さじ2

作り方

❶ りんごはよく洗い、皮つきのまま、8等分のくし形に切り、薄くスライスする。

❷ 鍋に入れて糖蜜をまぶし、しばらくおく。

❸ 水分が出てきたら中火にかけ、とろっとするまで30分ほど煮る。仕上げにレモン汁を加えて混ぜる。

❹ 熱湯をかけて消毒した瓶に入れて保存する。

りんごは毎年10月に、化学肥料や除草剤を一切使わず低農薬栽培をしている青森の「田村りんご農園」から届く。たくさん作ったジャムは煮沸消毒した瓶に小分けして保存。

3種のシロップ

ちょっと風邪っぽい生徒には、きんかんやしょうが、ときにはカリンのシロップのお湯割りが出されます。プレザーブドレモンは国産有機レモンが出回る時期に。

しょうがのシロップ煮

材料（作りやすい分量）

しょうが（あれば新しょうが）・200g
きび砂糖・・・・・・・500g
水・・・・・・・・・カップ2と1/2

作り方

❶しょうがは約2mm厚さの薄切りにする。
❷小鍋に❶、砂糖、分量の水を入れ、弱火にかけ、あくが出たら除きながら30〜40分煮る。
❸熱湯で消毒した瓶で保存する。

※お湯で割って、喉が痛い生徒に。体が温まる。ソーダで割ればジンジャエールの完成。

プレザーブドレモン

材料（作りやすい分量）

国産レモン・・・・・・4個
塩・・・・・・レモンの重量の10〜20%

作り方

❶よく洗ったレモンを8等分（用途によって好みの大きさでOK）に切る。
❷熱湯で消毒した瓶に、塩、レモン、塩と順番に入れ、押し込むように詰める。最後は塩になるようにする。
❸冷暗所におき、1日1回ほど瓶をふる。1週間ほどおき、液体がとろっとしたらできあがり。

※調味料としても使えるが、はちみつや砂糖を加えてドリンクにも。

きんかんのシロップ煮

材料（作りやすい分量）

きんかん・・・・・・・大体15個（約250g）
きび砂糖・・・・・・・・カップ1
水・・・・・・・・・・カップ1と1/2
レモンの皮の細切り・・・適量

作り方

❶きんかんはていねいに洗い、へたをとり、竹串で数か所に穴をあける。
❷鍋にきんかんとたっぷりの水（分量外）を入れて中火にかけ、沸騰したら弱火にし、落としぶたをして3分煮てゆでこぼす。
❸鍋に砂糖、分量の水、レモンの皮を入れ、砂糖が溶けるまで煮る。
❹❷を入れて中火で沸騰させ、弱火にし10〜20分煮詰める。このとき、きんかんが空気に触れないよう、キッチンペーパーなどで落としぶたをする。落としぶたをしたまま室温で冷ます。熱湯で消毒した瓶で保存する。

※お湯で割ると、体を温めるドリンクに。風邪の引きはじめにおすすめ。

コラム④ 梅干しも自家製です

食堂では梅干しも自家製。甘い梅干しが多いなか、昔ながらの作り方で、きりっとすっぱくてしょっぱい、大人には懐かしい味です。大きなかめにたっぷり保存しています。

昔ながらの方法で漬けた梅干し。売店のおにぎりに入れたり、小さな副菜として添えられる。寮生の朝ごはんで大活躍。

15％の塩漬けにし、重石をのせ、水が上がったら赤じそを入れる。天気のいい日に3日ほど土用干し。こんな光景が広がる学食は、全国でもここだけではないだろうか。梅酢もたくさんでき、こちらは自然な調味料として活躍する。

添加物なしで長期間保存するため、塩分は赤しそを入れると20％近いが、それがおいしさのもとになる。3年ほどたつと塩がこなれ、ますますおいしくなってくる。

おやつ

おからケーキ

卒業生に「忘れられない！」という声も多く上がる、おからを使ったパウンドケーキ。とても素朴だけれど滋味深くてクセになります。売店でも大人気のおやつ。

材料（幅 8㎝×高さ 6㎝
×長さ 21㎝の型 1 台分）

バター・・・・・・・・・120g
砂糖・・・・・・・・・120g
卵・・・・Lサイズ 2 個（120g）
薄力粉・・・・・・・・160g
重曹・・・・・・・・・1〜2g
おから・・・・・・・・80g

下準備

・バターと卵を室温に戻す。
・型にオーブンシートを敷き込む。
・オーブンを 150℃に予熱する。

作り方

❶ バターに砂糖を加え、砂糖が溶けるまで泡立て器でよく混ぜる。

❷ 溶いた卵を加えて混ぜる。

❸ 薄力粉と重曹をふるい入れて、ゴムべらでざっくりと混ぜる。

❹ おからを加え、白いところがなくなるまでよく混ぜる。

❺ 型に流し入れ、150℃のオーブンで 25 分、180℃でさらに 15 分焼く。

77

スイートポテト

さつまいものおいしさが凝縮されたまん丸のスイートポテトは女の子にも男の子にも人気があります。裏ごしせずにおいもを粗いまま使っても、ホクホクしておいしいです。

材料（直径6cmのアルミカップ10個分）

- さつまいも・・・・・・・1kg
- 牛乳・・・・・・・・・・カップ1と1/4
- 卵・・・・・・・・・・・1個
- バター・・・・・・・・・25g
- きび砂糖・・・・・・・・100g
- 塩・・・・・・・・・・・少々
- 卵黄・・・・・・・・・・1個分

下準備

・オーブンを200℃に予熱する。

作り方

❶ さつまいもは皮をむき、適当に切り、やわらかくなるまで蒸す。

❷ 牛乳を沸騰直前まで温め、溶いた卵、バター、砂糖、塩を加えて溶かす。

❸ ❶は熱いうちに裏ごしし、❷を加えてよく混ぜる。

❹ アルミカップにスプーンなどで丸く盛り、溶いた卵黄を塗る。

❺ 200℃のオーブンで5分、向きを変えてさらに5分焼く。

食堂では、さつまいもをていねいにこし器でこし、なめらかでふんわりした口当たりに。裏ごしの代わりに粗くつぶして使えば、素朴なホクホク感が楽しめる。

コーヒーゼリー

ちょっと大人の味のデザートです。コーヒーはていねいに有機の粗挽き豆をネルドリップで淹れ、苦味と旨味を引き出します。夏場に特に人気があるひと品です。

材料（直径約 7cm のカップ 5 個分）

水・・・・・・・・・・大さじ 4
粉ゼラチン・・・・・・・9g
コーヒー(粉末)・・・・・100g
湯・・・・・・・・・・カップ 2 と 1/2
きび砂糖・・・・・・・大さじ 5 と 1/2

●クリーム
生クリーム・・・・・・50ml
牛乳・・・・・・・・25ml
きび砂糖・・・・・・・10〜15g

下準備

・ 水にゼラチンを振り入れてふやかし、溶けにくければ湯せんで溶かす。

作り方

❶ コーヒーを分量の湯で淹れ、砂糖を溶かす。

❷ ふやかしたゼラチンを加えて軽く混ぜる。型に流し入れ、泡をつぶし、粗熱が取れたら冷蔵庫で 2 時間以上冷やしかためる。

❸ クリームを作る。生クリームに牛乳と砂糖を加えて軽く泡立てる。

❹ かたまった❷に❸をのせる。

牛乳を混ぜたやわらかい生クリームをとろーっとかけてできあがり。混ぜながら食べるのがおいしい。

コラム❺ パンも手作りです

学食の朝ごはんには、一日おきにパンが登場。お昼に「パン定食」が出ることもあり、大人気です。試行錯誤の末に完成した天然酵母を使ったレシピを公開！

カードで切り分けて成形。ロールパンはバターが入ってコクのある生地。

焼き上がった食パン。1斤分を焼くときはパウンド型を使ってもいい。

大きく発酵した生地。気温や湿度によっても状態が変わるので、様子を見ながら発酵させる。

天然酵母（生だね）

❶パン種（粉末）に対し、倍量のぬるま湯（約30℃）を用意する。

❷容器にぬるま湯を入れ、パン種を振り入れ、よく混ぜる。

❸常温で30時間ほど発酵させ、その後冷蔵庫で保管する。使うときはよく混ぜ、1週間から10日ほどで使い切ること。

食パン

材料（1斤分）

強力粉・・・・・・・・300g
全粒粉・・・・・・・・30g
きび砂糖・・・・・・・15g (粉の5%が目安)
塩・・・・・・・5g (粉の1.5%が目安)
天然酵母(生だね・左記)・・20g
水・・・・・150〜180㎖ (粉の50%が目安)
油・・・・・・・・・適量

作り方

❶ ボウルに材料をすべて入れ、なめらかになり、粉が手につかなくなるまで約15〜20分こねる。生地をひとかたまりとって両手で左右にのばし、切れずに薄くなればOK。その日の湿度などにもよるので、耳たぶくらいのかたさを目指す。
❷ ラップをかけ、35〜40℃で約2倍にふくらむまで発酵させる（一次発酵）。
❸ 丸くまとめてバットに置き、ラップで覆って30分ほどおく。
❹ ❸の生地を軽くたたいてつぶして空気を抜いたのち、丸く整える。油を薄く塗ったパン型に入れる。
❺ 35〜40℃で2時間〜2時間30分発酵させる。生地が型の縁まで盛り上がってきたら二次発酵完了。
❻ 180℃に予熱したオーブンで25分ほど焼き、型から出して、常温で90分冷ます。

ロールパン

材料（18個分）

強力粉・・・・・・・・・・・・400g
卵・・・・・・1個 (水を加えて150㎖とする)
きび砂糖・・・・・・・・・・・50g
天然酵母(生だね・下記)・・・・・40g
バター・・・・・・・・・・・・40g
塩・・・・・・・・・・・・・・5g

作り方

❶ ボウルに材料をすべて入れ、なめらかになり、粉が手につかなくなるまで約15〜20分こねる。生地をひとかたまりとって両手で左右にのばし、切れずに薄くなればOK。その日の湿度などにもよるので、耳たぶくらいのかたさを目指す。
❷ ラップをかけ、35〜40℃で約2倍にふくらむまで発酵させる（一次発酵）。
❸ 8等分（1個40〜50g）にし、丸くまとめてバットに並べ、ラップで覆って30分〜1時間ほどおく。
❹ めん棒で円錐形にのばし、太いほうを手前にしておく。手前から転がして巻く。
❺ 天パンにオーブンシートを敷き、❹を並べる。35〜40℃で2時間発酵させる（二次発酵）。
❻ 発酵が完了したらそのまま1分スチームをかけ、続けて180℃で10分焼き、常温で90分冷ます。

ピザトースト

自家製のパンにコーンやベーコンがのって、チーズがとろり。具だくさんのピザトーストは、売店でも大人気。もちろん、すべての具材が化学調味料や保存料無添加です。

材料（1人分）

ベーコン	1〜1/2枚
ホールコーン(缶詰)	大さじ1
ピーマン	1/8個
たまねぎ	1/8個
トマト	1/8個
ピクルス	少々
食パン	1枚
バター	10g
ミートソース (P.55) または ドライカレー (P.42)	大さじ1〜2
シュレッドチーズ	ひとつかみ

作り方

❶ベーコンは短冊切りにする。ホールコーンは汁けをきる。ピーマンとたまねぎは細切りにする。トマトとピクルスは細かく切る。

❷食パンにバターとミートソースを塗り、❶をのせ、シュレッドチーズを散らす。

❸オーブントースターでシュレッドチーズがこんがりするまで焼く。または200℃のオーブンで5分ほど焼く。

スプレッド3種

朝ごはんがパンの日は、手作りのスプレッドが用意されます。手間をかけて作るチョコレートクリームなど、パンにたっぷりとのせたくなる味です。

チョコレートクリーム

材料（作りやすい分量）

バター・・・・・・・・・200g
きび砂糖・・・・・・・・160g
ココアパウダー（無糖）・・70g
水・・・・・・・・・・・カップ1弱

作り方

❶バターはボウルに入れ、室温に戻す。
❷鍋に水を入れて火にかけ、沸騰したら砂糖を入れて溶かす。砂糖が完全に溶けたら、ココアパウダーを少しずつ入れてよく溶かす。
❸❷の粗熱がとれたら、❶に流し入れる。なめらかになるまで混ぜる。

シナモンバター

材料（作りやすい分量）

バター・・・・・・・・・200g
きび砂糖・・・・・・・・40g
シナモンパウダー・・・・小さじ2

作り方

❶バターは室温に戻す。
❷ボウルに❶を入れ、泡立て器でよく混ぜ、クリーム状にする。
❸砂糖とシナモンパウダーを加えて混ぜる。

カスタードクリーム

材料（10食分）

卵黄・・・・・・・・・・3個分
グラニュー糖・・・・・・50g
薄力粉・・・・・・・・・20g
牛乳・・・・・・・・・・カップ1
バニラエッセンス・・・・少々
バター・・・・・・・・・大さじ1/2

作り方

❶鍋に卵黄、グラニュー糖を入れてよく混ぜ、薄力粉をふるい入れてさらに混ぜる。
❷別の小鍋に牛乳をあたためる。
❸❶に、泡立て器で混ぜながら❷を少しずつ加える。だまが完全になくなったら中火にかけ、焦げないようにたえず混ぜながら火を通す。
❹ふつふつと大きな泡が出てきたら、仕上げにバニラエッセンスとバターを加えて溶かし混ぜる。
❺バットに移し、ぴったりとラップをかける。粗熱がとれたらもう1枚ラップをかけ、冷蔵庫に入れる。

Chapter 3

学食の厨房から

食堂からも見える厨房は、
すみずみまでピカピカに
磨き込まれています。

食生活部として強く信念を貫き、
生徒たちを本当の家族のように包み込む。
それが、自由の森学園学食の厨房です。

生徒たちが来るのを待つ泥谷さん（左）。昼休みのチャイムが鳴ると同時に生徒たちが押し寄せてくるので、準備は万端に。

「奇跡の食堂」の食材選び

厨房の食材庫には全国から取り寄せた有機食材が整然と並び、壮観です。野菜や果物はもちろんのこと、肉や魚、卵、調味料、穀物、乾物、乳製品……すべてが子どもたちにとって安全なもの。まさに、奇跡といえる光景です。

こちらは厨房内の棚。食材庫からすぐ使う分だけ持ってきておいて、サッと取り出せるよう瓶に小分け。スパイス類もたくさん使うので、大瓶で保存してもあっという間になくなります。

塩はシママース。天日塩を海水に溶かして平釜で煮詰めた天然塩。

ヤマキ醸造の醤油は、国産有機丸大豆を使用し木桶熟成させたもの。

味噌もヤマキ醸造。食堂では、玄米味噌と麦味噌を合わせて使う。

精製度が低く、さとうきびのミネラル分豊富なMOAのきび砂糖。

光食品の有機トマトピューレとトマトケチャップは、完熟の味。

圧搾搾りなたね油や本醸造酢から作るMOAの有精卵マヨネーズ。

味の母は、米と麹、塩だけを原料とし、じっくり熟成させたみりん。

澤田酒造の料理酒は、純米100%でそのまま飲めるほど。

MOAの中華風だしの素、洋風だしの素は、化学調味料無添加。

低温殺菌牛乳と、生乳・乳酸菌のみで作るヨーグルトは、東毛酪農。

国産丸大豆、天然にがりを使用した豆腐は、大豆工房みやから。

無農薬米・有機米を提供する中村商店の杵つき玄米餅。

自然食ブランド、アリサンのナッツ類は、料理にもお菓子にも。

食堂で自由に飲めるお茶は、葉っピイ向島園の有機煎茶と番茶。

ディスペンサーから出てくるお茶も有機茶葉から煮出しているんです

油が大事！

酸化しやすく、一度酸化してしまうと味も食感も、そして健康にも被害を及ぼすのが油です。揚げもの大好きな子どもたちのためにも、コストがかかっても油は絶対にゆずれない。用途によって、それぞれに選りすぐった油を、新鮮なうちに使い切るのが、食生活部流です。

　調味料や基本的な食材にこそ、お金をかけてもいいものを使うのが自由の森学園食生活部の考え方。なかでも大切にしているのが油です。安い油も多く出回っているなか、割高でも質のいい油を選んでいます。

　基本的な調理に使うのは菜種油。しかもこの菜種油、なんと菜種の実を圧搾した菜種100％の一番搾りの油なのです。一般には、溶剤を使用して化学抽出した油が多く使われていることを考えると、これが、いかに贅沢なことかが分かるでしょう。

　天然原料をそのまま圧搾した植物油は高価ですが、原料の栄養や風味がちゃんと残り、揚げ物をすればカリッと軽やかに揚がります。さらに、菜種油は抗酸化物質が多く含まれているので、酸化しにくいのが特徴。数回使っても、おいしく揚げることができるのです。

　食生活部の厨房では、（酸化した）油の嫌なにおいがすることはまったくなく、むしろ香ばしい、おいしそうな香りが漂っています。そこには贅沢な油選びがあったのでした。

左／ボーソー油脂の一番搾り 圧搾サラダ油。中／小野製油の純正なたね油。鹿児島県産の菜種を使用。右／オリーブオイルは LA TERRA E IL CIELO のエクストラ・バージン・オリーブオイル。

質のいい油は黄金色で、見た目から美しい。惜しげもなくフライヤーに注ぎ込まれる一番搾りの菜種油。こちらは無味無臭。

安価な油と比べると、何度も使えて、コシがある。ひんぱんに使うのならコストパフォーマンスがいいともいえるのだ。

「奇跡の食堂」ができるまで

1985年の学校創立時に誕生した、食生活部。「本物の食材を使って手作りした料理を食べさせたい」、そんなシンプルだけれど、実現不可能かと思われた理想を実現したのは、子育て中のお母さんやお父さんたちの力でした。

1985年、自由の森学園は創立に向けて急ピッチで準備が進められていました。新しくできるのは、「競争原理を超える教育を実現する」という理念を掲げて作られた学校です。ひとりひとりの人間性、個性を活かした教育を受けられる学校を作りたい。全国から志高い教育者が集まり、議論が重ねられていくなかで、学校の食堂で出す食事には、無農薬栽培の米・野菜や、化学調味料や保存料などの添加物を使用しない食材を使いたい、というアイディアが出されます。それは、ほかならない、設立準備委員会に参加していたお母さんお父さんたちの声でした。

当時は、そのようなメーカーや農家のネットワークはまだまだ整備されておらず、インターネットもない時代。情報ひとつを手に入れるのも至難の業です。そして、大量生産ではなく、手をかけて作られた食材は、値段も安くないのが現実。調理にしても、大量の食事をイチから手作りしてくれる給食業者などまずいません。

「それなら私たちがやります！」

手を挙げたのは、子育てをしている父母たちでした。こうして、現在の「食生活部」の前身となる「食の会」が誕生したのです。

ただ、当初集まったのは、それまで大量調理の経験のない人たち数名。まずは、社員食堂などに研修に出かけたり、専門の調理師を招いて学習会を開いたり、手探りの準備が始まりました。

舵取りをしたのが、泥谷千代子さん。栄養士の資格を持ち、食の安全性に対して関心が高く、食生活に関する研究会に参加していました。志のある生産者を訪問したり、一般家

泥谷千代子さん。食生活部のリーダーとして飛び回る毎日。合間に、世界で活躍する卒業生のもとへ旅をするのが夢。

庭に食に関するレクチャーをするといった活動をしていたのです。研究会のメンバーと一緒に、夫妻で「食の会」に参加したのが、自由の森学園に関わることになった第一歩でした。

食の会に参加し、「普通の家庭でもていねいな食生活はなかなかできないものなのに、それを学校の規模でやるなんて！」と、驚きつつも、感動を覚えた泥谷さん。委員会に本格的に関わるようになり、仕入れのネットワーク作りに走り回り、コンセプトを組み立てていきました。夫の泥谷政秋さん（故人）も、厳しい目で食材を選び、発注、仕入れ、ローテーションなど、学食の根幹となる仕事で長い間、業務を支えていくことになります。

こうして、創立準備委員会の中で発足した食の会は、開校と同時に「食生活部」という現在の名称に変更されてスタート。この特徴的な名前、実は、「学食」「食堂」という"食べ

三食の献立は手書きの表にしてファイリング。泥谷さんが旅先で食べたメニューなど、新しい料理も積極的に採用しているという。

る場所"という以前に、ここがひとつの部署であることを示しています。単に"食べる"だけでなく、食生活全体を支えていきたい、というメンバーの意志の表れなのです。

有機無農薬栽培の野菜や果物、抗生物質などを使わずに育てられた畜産物、昔ながらの製法できちんと作られた調味料……。食生活部のメンバーたちは、そんな食材を集め、また、自分たちもイチから調理するという、志高い、でもとても手間とお金がかかる道を選びました。呼びかけに賛同し集まった近隣の主婦たちも加わり、その志に共感する多くの生産者や製造業者にも支えられて、今に至るまで、妥協することなく、高みを目指しています。

今は、昔と比べものにならないほど情報を簡単に手に入れられるようになり、流通も整いました。それでも、泥谷さんをはじめとする食生活部のスタッフは、決して楽な道を選びません。新規の食材の取り引き先は直接訪ねるようにし、「顔の見える」生産者からの仕入れを続けています。アレルギーの子は増える一方なので、ひとりひとりの子どもに合わせたメニューを考え、ベジタリアンなどの細かい嗜好にも応えます。

「奇跡の学食」――食生活部は、まだまだ進化中なのです。

食材メーカーリスト

足立食品・・・・・・・・・	http://www.adachi-foods.co.jp/
アリサン・・・・・・・・・	https://alishan-organics.com/
オーサワジャパン・・・・	https://www.ohsawa-japan.co.jp/
後閑養鶏園・・・・・・・	☎ 027-285-4125
蔵王酪農センター・・・・	https://www.zao-cheese.or.jp/
澤田酒造・・・・・・・・	https://www.kankiko.jp/
大豆工房みや・・・・・・	http://www.miya-tofu.com/
東毛酪農農業協同組合・・・	https://www.milk.or.jp/
中村商店・・・・・・・・	http://nakamurasyouten.co.jp/
ファーム・ひらい・・・・	☎ 0740-33-0885
フードネットジャパン（小野製油）・・・・・・・	https://www.foodnet-j.co.jp/
ふるさと21（田村りんご農園）・・	https://www.fsec.jp/
ボーソー油脂・・・・・・	http://www.boso.co.jp/
葉っピイ向島園・・・・・	http://www.mukoujimaen.jp/index.htm
光食品・・・・・・・・・	http://www.hikarishokuhin.co.jp/
MOA・・・・・・・・・・	https://www.greenmarket.jp/
ムソー（味の母、シママース）・・・	https://muso.co.jp/
ヤマキ醸造・・・・・・・	https://www.yamaki-co.com/
LA TERRA E IL CIELO・・	http://www.laterraeilcielo.jp/

自由の森学園　食生活部

1985年、埼玉県飯能市に開校した中学校・高等学校「自由の森学園」の一部門。学園創設時の父母の「本当に安全でおいしいものを我が子に食べてほしい」という思いから、学食の運営をスタートさせる。昼食を提供するほか、寮生たちには朝・昼・晩の3食を提供して食生活を支える。また、生産者を呼ぶなどの講座を開き、生徒たちに食育も行う。全国の教育関係者から注目を集め、視察や講演依頼、TVや雑誌で取り上げられることも多数。全国の学食改革を牽引する存在。

デザイン：片岡 聡（Harunuresha／6期生）
撮影：井上孝明、石井徹尚（10期生）、鍵岡龍門（カバー）、五十嵐佳代（P.92）
イラスト：片岡 環
取材・文：北條芽以
レシピ調整：大島菊枝
校正：戎谷真知子
編集：下井香織（4期生）
編集協力：鬼沢真之、泥谷千代子
カバーモデル：蒲池響子、山田真朱、横山雄介、渡邉梨名

日本一の「ふつうの家ごはん」
自由の森学園の学食レシピ

2019年10月1日　第1刷発行

著　　　自由の森学園　食生活部
発行者　渡瀬昌彦
発行所　株式会社講談社
　　　　〒112-8001 東京都文京区音羽2-12-21
　　　　販売☎ 03-5395-3606　業務☎ 03-5395-3615
編集　　株式会社講談社エディトリアル
　　　　代表　堺 公江
　　　　〒112-0013 東京都文京区音羽1-17-18 護国寺SIAビル6F
　　　　☎ 03-5319-2171
印刷所　大日本印刷株式会社
製本所　大口製本印刷株式会社

＊定価はカバーに表示してあります。
＊本書のコピー、スキャン、デジタル化などの無断複製は著作権法上での例外を除き禁じられています。本書を代行業者などの第三者に依頼してスキャンやデジタル化することは、たとえ個人や家庭内での利用でも著作権法違反です。
＊落丁本・乱丁本は、購入書店名を明記のうえ、小社業務宛にお送りください。送料小社負担にてお取り替えいたします。
＊この本の内容についてのお問い合わせは、講談社エディトリアルまでお願いします。

© 自由の森学園 食生活部 2019 Printed in Japan
N.D.C.596.5　95p 21cm　ISBN978-4-06-517093-9